मैथियास फेडलर

नवाचारी रियल एस्टेट मिलान कार्य: रियल एस्टेट मध्यस्थताक सरलता

रियल एस्टेट मिलान: एक नवाचारी रियल एस्टेट मिलान पोर्टलक माध्यम सं कुशल, सरल आ व्यावसायिक रियल एस्टेट ब्रोकर काज

मुद्रण

मुद्रित पोथी प्रथम संस्करण/ फरवरी 2017
(मूलतः जर्मन मे प्रकाशित, दिसंबर 2016)

© 2016 स्वत्वाधिकार: मैथियास फेडलर

मैथियास फेडलर
एरिका-वॉन-ब्रोकदार्फ-स्ट्रीट. 19
41352 कोर्शेनब्रोइक
जर्मनी
www.matthiasfiedler.net www. मैथियासफेडलर.नेट

निर्माण आ मुद्रण
अंतिम पृष्ठ देखू

आवरण डिजाइन: मैथियास फेडलर
ई-बुक सृजन: मैथियास फेडलर

आईएसबीएनISBN-13 (पेपरबैक): 978-3-947184-77-4
आईएसबीएनISBN-13 (मोबाइल ई-बुक): 978-3-947128-85-3
आईएसबीएनISBN-13 (ई-बुक ई-प्रकाशन): 978-3-947128-86-0

सार-संक्षेप

एहि पुस्तक मे संपत्ति (प्रॉपर्टी) मूल्यांकन सहित रियल एस्टेट ब्रोकरेज सॉफ्टवेयर मे एकीकृत पैघ लाभक (बिलियन यूरो) गणनाक' संग विश्वव्यापी रियल एस्टेटक अनुरूप पोर्टल ऐपक' क्रांतिकारी अवधारणा सेहो शामिल अछि।

आवासीय आ वाणिज्यिक संपत्तिक' मध्यस्थता, जे चाहे अपन निजी उपयोग अथवा किराया लेल होअय, एहि रीति सं शीघ्रता आ कुशलतापूर्वक भ' सकैत अछि। रियल एस्टेट ब्रोकर आ संभावित खरीदार आ किराएदार सभक लेल ई नवाचारी आ पेशेवर रियल एस्टेट मध्यस्थताक' भविष्य अछि। रियल एस्टेटक मिलानक कार्य लगभग सभ देश आ विदेशो में होइत अछि।

ब्रोकर द्वारा संभावित खरीदार या किराएदार लेल "आनल" संपत्तिक बदला मे, इच्छुक पक्ष रियल एस्टेट मिलान पोर्टल पर हुनक खोज प्रोफाइलक माध्यम सं मिलान करैछ, आ

तखन रियल एस्टेट ब्रोकरक विज्ञापित संपत्ति सं सहमत आ संबद्ध होइत छैक।

विषय

प्राक्कथन

2011 मे, हमरा मोन मे एकटा नवाचारी रियल एस्टेट मिलानक विचारक प्रस्फुटित आ निर्मित भेल जेकर वर्णन एहि पृष्ठ सभ मे कैल गेल अछि।

हम रियल एस्टेट उद्यम मे 1998 सं कार्यरत रहल छी (समावेशी संपत्तिक' मध्यस्थता, क्रय आ बिक्री, मूल्यांकन, किराया आ संपत्ति निर्माणक क्षेत्र मे)।हम, अन्यान्य सभक अतिरिक्त, एकटा कुशल रियाल्टर (आईएचके), रियल एस्टेट अर्थशास्त्री (एडीआई) आ संपत्ति मूल्यांकन विशेषज्ञ (डीईकेआरए), एवं अंतर्राष्ट्रीय मान्यताप्राप्त रॉयल इंस्टीट्यूट ऑफ चार्टर्ड सर्वेयर्स (एमआरआईसीएस) केर सदस्य सेहो छी।

मैथियास फेडलर

कोर्शेनब्रोइक, 31 अक्टूबर 2016

www.matthiasfiedler.net

1. नवाचारी रियल एस्टेट मिलान कार्य: रियल एस्टेट मध्यस्थताक सरलता

रियल एस्टेट मिलान: एक नवाचारी रियल एस्टेट मिलान पोर्टलक माध्यम सं कुशल, सरल आ व्यावसायिक रियल एस्टेट ब्रोकर काज

ब्रोकर द्वारा संभावित खरीदार वा किराएदार लेल "आनल" संपत्तिक बदला मे, इच्छुक पक्ष रियल एस्टेट मिलान पोर्टल पर हुनक खोज प्रोफाइलक माध्यम सं मिलान करैछ, आ तखन रियल एस्टेट ब्रोकरक विज्ञापित संपत्ति सं सहमत आ संबद्ध होइत छैक।

2. संभावित खरीदार आ संभावित बेचनहार केर लक्ष्य

संपत्ति बेचनहार आ जमीनमालिक लेल, ई आवश्यक अछि जे ओकर संपत्तिक बिक्री वा किराया लगैबाक काज जते भ; सकय, जल्दी आ बेसी सं बेसी संभव दाम पर होमय।

संभावित खरीदार वा किराएदार लेल ई आवश्यक अछि जे ओकरा अप्पन हिसाब सं उपयुक्त संपत्ति भेंटि जाय, आ तखन ओ एकरा तुरत आ आसानी सं खरीद अथवा किराया पर प्राप्त करि पाबय।

3. रियल एस्टेट खोज हेतु पूर्व साधन

सामान्यतया, रियल एस्टेट संपत्ति खोजनिहार लोकसभ ऑनलाइन उपलब्ध विस्तृत रियल एस्टेट पोर्टल सभमे अप्पन इच्छित इलाका मे संपत्तिक खोज करैत छथि। एतय, जखन ओ एकटा संक्षिप्त खोज प्रोफाइल बना लैत छथि, तखन हुनका प्रविष्टि अथवा प्रत्येक ई-मेल द्वारा संपत्तिक उपयुक्त लिंक विवरण वा सूची प्राप्त भ' सकैत अछि। अक्सरहां 2 सं 3 रीयलएस्टेट पोर्टल पर एहिना होइत अछि। तखन अंत मे बेचनिहार संपर्क करैत अछि, सामान्यतया ई-मेल सं, आ एतय हुनका इच्छुक पक्ष सभ सं संपर्क करबाक मौका भेंटैत छैन्ह।

इच्छुक पक्ष अपेक्षित इलाका मे निजी एस्टेट ब्रोकर सभ सं सेहो संपर्क क' सकैत छथि, जाहि सभ कें एकटा खोज प्रोफाइल पठाओल गेल होअय।

एहि रियल एस्टेट पोर्टल सभ पर निजी आ व्यावसायिक दुहू प्रकारक विक्रेता होइत छथि। व्यावसायिक विक्रेतागण व्यापक

रूप सं रियल एस्टेट एजेंट होइत छथि, जाहि संग किछु मकान ठीकेदार, रियल एस्टेट एजेंसी आ अन्य व्यवसाय सेहो रियल एस्टेट में संलग्न छै (एहि वर्णन मे, व्यावसायिक विक्रेता सभकें रियल एस्टेट ब्रोकर कहल गेल छैक)।

4. निजी बेचनिहार सं हानि आ रियल एस्टेट ब्रोकर सं लाभ

निजी विक्रेताक पक्ष सं कहल जाए, त' बिक्री योग्य संपत्ति क तुरंत बिक्री नहि भ' पाबैत अछि, जेना देखल जाए त', उदाहरणस्वरूप वंशानुगत संपत्ति, जतय उत्तराधिकारी सभ मे कोनो झंझट भ' सकैत अछि अथवा कोनो वसीयत नहि हो। एहि सभ सं बेसी, कोनो कानूनी मामला जाहिमे निर्णय नहि भेल अछि, जेना घर दखल-कब्जाक दावेदारी, जाहि सं बिक्री करब कठिन भ' जाइत छैक।

भ' सकैछ, जे निजी जमीन-मालिक सभ किराया संपत्ति लेल आधिकरिक अनुमोदन प्राप्त नहि कैने होथि, उदाहरणस्वरूप कोनो व्यावसायिक संपत्ति कें किराया अपार्टमेंटक स्वरूप मे विज्ञापित कैल जा रहल होअय।

यदि बिक्रेता कोनो रियल एस्टेट ब्रोकर होअय, तखन उपरोक्त वर्णित समस्या सभक' समाधान पहिनहि भेल रहैत छैक। आ एकर अलावा, संपत्ति संबंधित समस्त दस्तावेज (भू-योजना,

रूपरेखा, ऊर्जा प्रमाणपत्र, भूमि-पंजी, आधिकारिक दस्तावेज आदि) अक्सरहां उपलब्ध रहैत अछि। एहि विधि सं, बिक्री वा किरायाक' मामला बिना कोनो तरहक झंझट कें, आसानी सं तय भ' सकैत अछि।

5. रियल एस्टेट मिलान-कार्य

एकटा संभावित खरीदार आ एकटा बिक्री अथवा किराया लगौनिहारक मिलान तुरंत आ कुशलतापूर्वक प्राप्त करब, एकटा व्यवस्थित आ व्यावसायिक रणनीतिक प्रदान करबाक उद्देश्य सं सामान्यतः आवश्यक होइत छैक।

रियल एस्टेट ब्रोकरक खोज आ इच्छुक ग्राहक खोजब आ एकर विपरीत क्रम मे खोजबा लेल, एतय एकटा विपरीत प्रक्रिया अपनाओल गेल अछि। एकर तात्पर्य भेल जे, खरीदार अथवा किराया पर प्राप्तकर्ता लेल संपत्ति "आनब" क' स्थान पर, ग्राहक सभक सर्च प्रोफाइलक' माध्यम सं रियल एस्टेट मिलान ऐप पर ग्राहक सभक मिलान कराओल जाइत अछि, आ तत्पश्चात रियल एस्टेट ब्रोकरक' विज्ञापित संपत्ति सं मिलान तथा संबद्ध कराओल जाइत छैक।

प्रथम चरण मे, संभावित संभावित खरीदार सभ रियल एस्टेट मिलान पोर्टल पर अपन एकटा वैयक्तिकृत खोज प्रोफाइल

बनबैत छथि। एहि खोज प्रोफाइल मे लगभग 20 खासियत रहैत छैक। एहि खोज प्रोफाइलक लेल अन्यान्य सहित (ई संपूर्ण सूची नहि छैक) निम्नलिखित विशेषता सभ सम्मिलित रहब महत्वपूर्ण छैक:

-क्षेत्र/ डाक कोड/ नगरपालिका

-मकानक प्रकार

-भूखंडक आकार

-वास स्थान

-क्रय/ किराया मूल्य

-निर्माणक वर्ष

-मंजिलक संख्या

-कोठरीक संख्या

-किरायाकृत (हँ/नहि)

-तलघर (हँ/नहि)

-बालकनी/ टैरेस (हँ/नहि)

-तापन व्यवस्थाक प्रकार

-पार्किंग स्थान (हँ/नहि)

एतय ई महत्वपूर्ण छैक जे ई विशेषता सभकें स्वतंत्र रूप सं दर्ज नहि कैल जाए, बल्कि एहि कें स्थान पर एकरा सभपर क्लिक करिक' वा एकटा सूची सं संबद्ध क्षेत्र कें खोलिक' (जेना, मकानक प्रकार) चयन कैल जाए जाहि मे विकल्प उपस्थित रहय (जेना, मकानक प्रकार लेल: अपार्टमेंट, एकल परिवार घ'र, वेयरहाउस, कार्यालय स्थान, आदि)।

वैकल्पिक रूप सं, संभावित खरीदार अतिरिक्त खोज प्रोफाइल सभ बना सकैत छथि। कोनो खोज प्रोफाइल मे फेरबदल सेहो संभव छैक।

इच्छुक पक्ष कें एहि मे उपलब्ध स्थान पर अपन संपूर्ण संपर्क विवरण अवश्य प्रविष्ट करबाक चाही, जाहि मे अंतिम नाम, प्रथम नाम, गली-चौबारा आ मकान नंबर, डाक कोड, नगरपालिका, टेलीफोन आ ईमेल अवश्य होअय।

एहि संदर्भ मे इच्छुक पक्ष कें एहि आशयक स्वीकृति देबाक चाही जे रियल एस्टेट ब्रोकर हुनका सं संपर्क क' सकैत छथि आ उपयुक्त उपलब्ध रियल एस्टेट (प्रदर्शन) प्रेषित क' सकैत छथि।

अलावें, इच्छुक पक्ष रियल एस्टेट मिलान पोर्टलक संचालक संग एकटा करार सेहो करैत छथि।

अगिला चरण मे, ई खोज प्रोफाइल एकटा एपीआई, अथवा ऐप्लीकेशन प्रोग्रामिंग इंटरफेस (उदाहरण लेल, जर्मन मे एपीआई केर तुलना मे "ओपेनइम्मो" होइत छैक) पर उपलब्ध कराओल जाइत छैक, जाहि मे रियल एस्टेट ब्रोकर भाग ल'

सकैथ, जे एहि सं पूर्व दृष्टव्य नहि रहता। ई ध्यातव्य अछि जे ई एपीआई- जे विशेष रूप सं ऐप्लीकेशन केर 'की' (कुंजी) अछि- कें लगभग सभ चालू रीयलएस्टेट मध्यस्थता सॉफ्टवेयर कें सपोर्ट करबा मे, वा आंकड़ा स्थानांतरण करबा मे सक्षम होमक चाही। यदि एहन नहि होअय, त' एकरा तकनीकी रूपेण संभव बनैबाक आवश्यकता छैक। चूंकि एतय पहिनहि सं उपरोक्त कथित "ओपेनइम्मो" एपीआई आ अन्य एपीआई उपयोग मे अछि, एकर माध्यम सं खोज प्रोफाइलक स्थानांतरण संभव भ' सकैय'।

आब रियल एस्टेट ब्रोकर सभ अप्पन उपलब्ध संपत्तिक तुलना ई खोज प्रोफाइल सं करैत छथि। एतय ई संपत्ति सभ ई रियल एस्टेट मिलान पोर्टल पर आनल गेल अछि आ संबद्ध विशेषता कें सिंक्रोनाइज आ संबद्ध कैल गेल अछि।

संबद्ध तुलनात्मक प्रतिशतताक' तुलना कयल पश्चात एकटा सफल मिलान संपन्न होइत छैक। उदाहरणस्वरूप, 50%

मिलान पश्चात खोज प्रोफाइल सभ रियल एस्टेट ब्रोकरेज सॉफ्टवेयर मे प्रदर्शित होइत छैक।

एतय व्यक्तिगत विशेषतासभ कें परस्पर एक-दोसराक विरुद्ध भारित कैल जाइत छैक (अंक प्रणाली), जाहि सं विशेषतासभक तुलनाक परिणामतः मिलानक लेल प्रतिशत प्राप्त भ' सकय (यादृच्छिक मिलान संभाव्यता)। उदाहरणतया, "मकानक प्रकार" विशेषता कें "वास स्थान" विशेषता सं बेसी भारांक देल जाइत छैक। एकरा अलावें, किछु खास विशेषतासभ चयनित कैल जा सकैत छैक (जेना तलघर), जे ई संपत्ति मे अवश्यमेव उपलब्ध होमक चाही।

मिलान करबाक उद्देश्य सं विशेषता सभक तुलनाक्रम मे, ई ध्यान रखबाक आवश्यकता छैक जे ब्रोकरसभ कें केवल हुनक अपेक्षित (बुकिंग कैल) क्षेत्रटा मे प्रवेश करबाक अनुमति देल जाए। एहि सं डेटा मिलानक कार्य मे कमी होयत आ सबसं बेसी जरूरी ई जे रियल एस्टेट ब्रोकर सभ प्रायः बेसी क्षेत्रगत काज करैत छथि। ई ध्यातव्य अछि जे बेहद पैघ परिमाण मे

डेटा सभक भंडारण आ प्रसंस्करण कार्य वर्तमान मे मात्र ओतय संभव छैक, जेकरा क्लाउड कहल जाइत अछि।

मात्र रियल एस्टेट ब्रोकर सभकें खोज प्रोफाइल धरि पहुंच केर अवसर भेंटब चाही, जाहि सं एकटा पेशेवर रियल एस्टेट मध्यस्थता सुनिश्चित भ' सकैत अछि।

रियल एस्टेट ब्रोकर सभ एहि उद्देश्य सं, रियल एस्टेट मिलान पोर्टलक संचालक संग एकटा करार करै छथि।

मिलान पश्चात, ब्रोकर सभ इच्छुक पक्ष सभसं, आ एकर विपरीत क्रम मे सेहो, संपर्क क' सकैत छथि। एकर तात्पर्य छै जे, जखन ब्रोकर संभावित खरीदार कें कोनो प्रदर्शन प्रेषित करैत छैक, एकटा गतिविधि रिपोर्ट, वा कमीशन लेल ब्रोकरक दावा, क्रय वा किराया तय होयब स्थिति मे, दर्ज भ' जाइत छै।

एहन मानल जा सकैछ, जे मालिक (बिक्रेता अथवा जमीनमालिक) संपत्तिक मध्यस्थताक उद्देश्य सं ब्रोकर कें नियुक्त कैने छथि, अथवा संपत्ति कें विज्ञापित करबाक सहमति प्रदान कैने छथि।

6. ऐप्लीकेशन

एतय जे रियल एस्टेट मिलान प्रक्रियाक चर्चा कैल गेल, ओ अपार्टमेंट आ वाणिज्यिक संपत्ति क्षेत्र मे संपत्तिक खरीद आ किराया पर प्रयोजनीय अछि। वाणिज्यिक रियल एस्टेट लेल एकर अलावा अतिरिक्त संपत्ति विवरण आवश्यक होयत।

कोनो ब्रोकर एकटा संभावित ग्राहक सेहो भ' सकैत अछि, आ ग्राहकी स्वरूप मे, ओहि अवसर पर, ब्रोकर कोनो ग्राहक केर प्रतिनिधि रूप मे काज करैत अछि।

क्षेत्रक संदर्भ मे, ई रियल एस्टेट मिलान पोर्टल लगभग हरेक देश मे स्वीकारणीय भ' सकैत अछि।

7. लाभ

रियल एस्टेट मिलान करबाक सुविधा संभावित खरीदार लेल बेहद लाभकारी अछि, जे अपन इलाका मे (निवास स्थान) खोजैत छथि अथवा नौकरी मे बदलावक कारण सं अन्यान्य शहर/ क्षेत्र मे संपत्ति खोजैत छथि।

ओ एक बेर अपन खोज प्रोफाइल व्यवस्थित करैत छथि आ हुनका अपेक्षित क्षेत्र मे सक्रिय ब्रोकर सभ सं उपयुक्त संपत्तिक सूची प्राप्त भ' जायत।

एहि सं ब्रोकर सभ कें कुशलता आ सुविधापूर्वक बिक्री आ किराया प्रक्रिया संपन्न करबाक सुविधा भेंटैत अछि, चूंकि एहि सं ओ अपन संपत्ति लेल विशेषरूप सं इच्छुक संभावित ग्राहक/ किराएदार सभक संभावना क एकटा तत्काल समीक्षा प्राप्त क' सकैत छथि।

एहि सं आगू, ब्रोकर सभ अपन लक्षित समूह सभसं प्रत्यक्ष संपर्क (हुनका रियल एस्टेट प्रदर्शन सभ पठबैत सहित) सेहो

क' सकैत छथि, जे ओहि लोकसभक लेल लाभकारी होयत, जे एकटा खोज प्रोफाइल बनाबक पश्चात अपन इच्छित प्रकारक संपत्तिक खोज करैत छथि, आ जिनका एहि संपर्क-सुविधाक माध्यम सं संपत्ति पर सावधानीपूर्वक विचार करबाक अवसर भेटत।

एहि सं ओ इच्छुक पक्षक संग उत्तम संपर्क भ' सकैत छैक जिनका ज्ञात अछि जे ओ की चाहैत छथि। एहि सं अनवरत समीक्षा आ संपत्तिक प्रत्यक्ष दौरा करबाक बहुत बेसी आवश्यकता नहि रहि जायत- आ विज्ञापित संपत्तिक मार्केटिंग अवधि सेहो कम भ' जायत।

इच्छुक पक्ष द्वारा कोनो विज्ञापित संपत्ति कें प्रत्यक्ष रूप से दौरा करबाक पश्चात- जेहन रिवाज छैक- एकटा क्रय वा किराया समझौता पर हस्ताक्षर होइत छैक।

8. उदाहरणात्मक परिकलन (संभावित) – केवल स्वामी द्वारा धारित अपार्टमेंट तथा मकान (किराया अंतर्गत अपार्टमेंट अथवा घर तथा वाणिज्यिक संपत्ति क अलावा)

निम्नलिखित उदाहरण सं रियल एस्टेट मिलान पोर्टलक संभावित लाभ स्पष्ट भ' जाइत छैक।

एकटा महानगरीय क्षेत्र मे 250,000 निवासी रहैत छैक, जेना मॉनशेनग्लैडबॉख नगर, जाहि मे आंकड़ा सं 125,000 परिवार रहैत छैक (प्रति परिवार मे 2 निवासी औसतन)। मकान परिवर्तन करबाक औसत दर लगभग 10% अछि, एहिक तात्पर्य जे 12,500 परिवार प्रतिवर्ष मकान परिवर्तित करैत छथि। मॉनशेनग्लैडबॉख मे आगमन आ प्रस्थान एहि मे सम्मिलित नहि अछि। परिणामतः, लगभग 10,000 परिवार (80%) संपत्ति किराया पर लेबाक लेल, आ लगभग 2,500 परिवार (20%) संपत्ति कीनबाक लेल इच्छुक छथि।

मॉनशेनग्लैडबॉख(Mönchengladbach) नगरक परामर्शी समिति क प्रॉपर्टी मार्केट रिपोर्टक अनुसार, 2012 मे एतय 2,613 अचल संपत्ति खरीद भेल छल। एहि सं पूर्वोक्त इच्छुक खरीदारक संख्या अनुमानक' 2,500 पुष्टि होइत छैक। यथार्थतः ई संख्या एहि सं बेसी भ' सकैत अछि, कियैकि प्रत्येक संभावित क्रेता वास्तव मे संपत्तिक खरीद नहि कयने होयताह। औसतन मानल जाय, त' वास्तविक इच्छुक खरीदार अथवा विशेष रूप सं खोज प्रोफाइलक संख्या, 10% दर सं आवास परिवर्तन सं लगभग दोगुना बेसी होयत, परिणामतः 25,000 खोज प्रोफाइल होमक चाही। एहि मे ओ संभावित खरीदार सेहो सम्मिलित होयताह, जे रियल एस्टेट मिलान पोर्टल पर अनेक खोज प्रोफाइल स्थापित कैने होयताह।

एतय इहो उल्लेखनीय अछि जे अनुभवक आधार पर, एखन धरि एहि मे सं लगभग आधा इच्छुक पक्ष सभ (खरीदार आ किराया लेनिहार) कें कोनो रियल एस्टेट ब्रोकर ओतय अपन

संपत्ति प्राप्त भ' गेल होयत, जे एहि प्रकार सं कुल 6,250 परिवार होइत छैक।

अनुभव कैल गेल अछि, जे यद्यपि, कम सं कम 70% परिवार रियल एस्टेट पोर्टल पर ऑनलाइन सर्च करै छथि, जे कुल मिलाक' 8,750 परिवार होइत छैक (17,500 खोज प्रोफाइलक आधार पर)।

यदि मॉनशेनग्लैडबॉख एहन नगर मे समस्त इच्छुक पक्षक 30% मानल जाए, त' एकर तात्पर्य 3,750 परिवार छै (7,500 खोज प्रोफाइलक आधार पर), जे रियल एस्टेट मिलान पोर्टल ऐप पर अपन खोज प्रोफाइल बनबैत छथि, जाहि मे भागीदारी करिक' रियल एस्टेट ब्रोकर सभ प्रतिवर्ष 1,500 विशिष्ट खोज प्रोफाइलक (20%) माध्यम सं संभावित खरीदार लेल, तथा संभावित किराएदार लेल 6,000 विशिष्ट खोज प्रोफाइलक (80%) माध्यम सं अपन संपत्ति प्रस्तावित क' सकैत छथि।

एहिक' तात्पर्य भेल, जे 250,000 आबादी युक्त नगर मे, प्रति खोज प्रोफाइल औसतन 10 माह खोज अवधि तथा प्रतिमाह उदाहरण मूल्य 50 यूरोक दर सं, 7,500 खोज प्रोफाइल लेल संभावित राजस्व प्राप्ति प्रतिवर्ष 3,750,000 यूरो अनुमानित छै।

एहि आंकड़ा कें फेडरल रिपब्लिक ऑफ जर्मनी पर लागू करू, जतय लगभग 80,000,000 (80 मिलियन) निवासी छैथ, त' परिणामस्वरूप प्रतिवर्ष 1,200,000,000 यूरो (1.2 बिलियन यूरो) क' आमदनी संभव छैक। यदि, उदाहरण लेल, 30% क' स्थान पर 40% इच्छुक पक्ष ई रियल एस्टेट मिलान पोर्टल पर सर्च करैत छथि, तखन ई संभावित आमद बढ़िक' 1,600,000,000 यूरो (1.6 बिलियन यूरो) प्रतिवर्ष भ' जायत।

ई संभावित आमदनी मात्र स्वामी-धारित अपार्टमेंट आ मकान लेल अनुमानित छैक। एहि आमदनी संभावनाक' परिकलन मे, आवासीय संपत्ति क्षेत्र मे किराया आ निवेश संपत्ति तथा

समस्त वाणिज्यिक संपत्ति क्षेत्र कें सम्मिलित नहि कैल गेल अछि।

जर्मनी मे तकरीबन 50,000 व्यवसाय रियल एस्टेट ब्रोकरेज काज मे संलग्न छै, जाहि मे लगभग 200,000 कर्मचारी कार्यरत छैथ (अचल संपत्ति क्षेत्र मे संलग्न मकान संवेदक, रियल एस्टेट एजेंसी तथा अन्य व्यवसाय सहित), आ यदि एहि 50,000 व्यवसाय मे सं मानक रूप सं 20% व्यवसाय, औसतन 2 लाइसेंस प्रति व्यवसायक' दर सं एहि रियल एस्टेट मिलान पोर्टलक उपयोग करैत छैक, त' परिणामतः, प्रति लाइसेंस मानक मूल्य 300 यूरो क' दर सं, प्रतिवर्ष 72,000,000 यूरो (72 मिलियन यूरो) आमदनीक' संभावना बनैत छैक। अतिरिक्त रूप सं, एतय खोज प्रोफाइलक क्षेत्रीय बुकिंग सेहो होमक चाही, जाहि सं, कॉनफिगरेशनक आधार पर, एतय और अधिक आमदनीक' वृद्धि संभावित छैक।

यदि प्रवर्तनीय होयत' एहि विशिष्ट खोज प्रोफाइलक माध्यम सं इच्छुक पक्षसभ लेल उपलब्ध होमयबला एहि विस्तृत

संभावनाक परिणामस्वरूप, ब्रोकर सभ कें आब अधिक काल धरि संभावित खरीदारक अपन डेटाबेस कें लगातार अपडेट रखबाक आवश्यकता नहि होयत- विशेषतः एहि कारण सं, कि एतेक बेसी संख्या मे उपलब्ध अद्यतन खोज प्रोफाइलक परिमाण, अनेक ब्रोकर द्वारा अपन डेटाबेसमें राखल खोज प्रोफाइलक संख्या सं बहुत बेसी भ' जायत।

यदि एहि नवाचारी रियल एस्टेट मिलान पोर्टलक उपयोग विभिन्न देश मे होमय, त' जर्मनीक कोनो संभावित खरीदार, उदाहरण लेल, भूमध्यसागरीय द्वीप मालोर्का (स्पेन) मे खाली अपार्टमेंट लेल एकटा खोज प्रोफाइल बना सकैत छैक, तथा मालोर्का सं एकर उपयोगकर्ता ब्रोकर अपन जर्मनी मे उपस्थित संभावित खरीदार/ किराएदार लेल ई-मेल द्वारा उपयुक्त अपार्टमेंट प्रस्तुत क' सकैत अछि। यदि प्रस्तुति स्पेनिश मे लिखल अछि, त' आब उपलब्ध ऑनलाइन अनुवाद प्रोग्रामक माध्यम सं इच्छुक खरीदार एहिकें तुरंत जर्मन मे अनुवाद करिक' प्राप्त क' सकैत छथि।

अनेक भाषा मे खोज प्रोफाइलसभक मिलान करब आ संपत्ति विज्ञापित करबा मे सक्षमता प्राप्त करबाक' उद्देश्य सं, एहि रियल एस्टेट मिलान पोर्टलक भीतर, प्रोग्राम्ड (गणितीय) फीचरक आधार पर विशेष विशेषता सभक एकटा मिलान प्रक्रिया सेहो जोड़ल जा सकैछ- जाहि मे भाषा सम्मिलित नहि होयत- भाषाक आवंटन बाद मे कैल जाए।

समस्त महादेश मे रियल एस्टेट मिलान पोर्टलक उपयोग केर माध्यम सं, ई पूर्वोक्त संभावित आमदनी (संभावित अचल संपत्ति इच्छुक केवल) बेहद सरल बाह्य गणनाक' माध्यम सं निम्नलिखित अनुसार प्रदर्शित होयत।

विश्व जनसंख्या:

7,500,000,000 (7.5 बिलियन) निवासी

1. औद्योगीकृत देश तथा अधिकांश-औद्योगीकृत देशक जनसंख्या:

   2,000,000,000 (2.0 बिलियन) निवासी

2. उन्नतशील देशक जनसंख्या:

   4,000,000,000 (4.0 बिलियन) निवासी

3. विकासशील देशक जनसंख्या:

   1,500,000,000 (1.5 बिलियन) निवासी

फेडरल रिपब्लिक ऑफ जर्मनी हेतु एतयका निवासी 80 मिलियन लोक सं संभावित वार्षिक लाभ राशि 1.2 बिलियन

यूरो कें निम्नलिखित अनुमानित तथ्य सहित औद्योगिक देश, उन्नतिशील देश आ विकासशील देशक आधार पर परिवर्तित आ आरोपित कैल जा सकैत छैक।

1. औद्योगीकृत देश: 1.0

2. उदीयमान देश: 0.4

3. विकासशील देश: 0.1

तात्पर्यतः निम्नलिखित वार्षिक संभावित राजस्व: (1.2 बिलियन x यूरो जनसंख्या (विकसित, उन्नतिशील अथवा विकासशील देश) / 80 मिलियन निवासी x तत्व)।

1. औद्योगीकृत देश: 30.00 बिलियन यूरो

2. उन्नतिशील देश: 24.00 बिलियन यूरो

3. विकासशील देश: 2.25 बिलियन यूरो

   कुल   **56.25 बिलियन यूरो**

9. निष्कर्ष

एतय परिकल्पित रियल एस्टेट पोर्टल स्थायी संपत्ति खोजनिहार लोकसभक (संभावित खरीदार) तथा रियल एस्टेट ब्रोकर सभक लेल विशेष रूप सं अवसर आ लाभ प्रस्तुत करैत अछि।

1. संभावित खरीदार यदि मात्र एक बेर अपन खोज प्रोफाइल बना लैत छथि, त' उपयुक्त रियल एस्टेट सर्च करबा मे बहुत कम समय लगाबक आवश्यकता रहि जायत।

2. रियल एस्टेट ब्रोकरसभ कें संभावित खरीदार सभक संख्याक एकटा समेकित समीक्षा प्राप्त हैत, संगहि हुनक खास अपेक्षाक जानकारी सेहो प्राप्त होयत (हुनक खोज प्रोफाइलक माध्यम सं)।

3. इच्छुक पक्ष,सभ रियल एस्टेट ब्रोकर सभक माध्यम सं, (स्वचालित पूर्वचयन द्वारा व्यवस्थित समूह मे)

मात्र ओतबे रियल एस्टेट प्रस्ताव कें देखताह, जे हुनक विशेष आवश्यकता आ अपेक्षा लेल उपयुक्त होअय (अपन खोज प्रोफाइलक संदर्भ मे)

4. रियल एस्टेट ब्रोकर कें खोज प्रोफाइल-संबद्ध अपन डेटाबेसक देखरेख आ अद्यतन आदि करबा मे कम काज करबाक आवश्यकता होयत, कियैकि बहुत बेसी परिमाण मे वर्तमान आ अद्यतन खोज प्रोफाइल हमेशा उपलब्ध रहत।

5. चूंकि ई रियल एस्टेट मिलान पोर्टल मात्र वाणिज्यिक सेवाकर्ता/ रियल एस्टेट ब्रोकर सभक लेल उपलब्ध अछि, तें संभावित खरीदार पेशेवर आ अनुभवी एजेंटक माध्यम सं एहिकेर उपयोग करथिन्ह।

6. रियल एस्टेट ब्रोकर कें बहुत कम स्थल-दर्शन मुलाकात करबाक जरूरत रहि जायत आ मार्केटिंग अवधि सेहो बहुत कम भ' जायत। संभावित क्रेता कें, अपना ओर सं, किछु स्थल-दर्शन दौरा करबाक

आवश्यकता रहत आ संगहि किछु अधिक समय सेहो चाही, जाधरि ओ क्रय वा किराया समझौता पर हस्ताक्षर नहि करि देथि।

7. एहि सं विक्रय अथवा किराया लगौनिहार संपत्ति मालिकक समय सेहो बांचत। आ एहिसं बेसी, एकटा अतितीव्र किराया आ विक्रय प्रक्रियाक माध्यम सं किराया संपत्ति हेतु खाली संपत्तिक विज्ञापन दर कम-सं-कम भ' जाय छैक, आ खरीद हेतु संपत्ति मे तुरंत क्रय भुगतान क परिणामस्वरूप संगहि वित्तीय लाभ सेहो भेंटैत अछि।

रियल एस्टेट मिलान हेतु एहि विचार कें स्वीकार तथा कार्यान्वयन सं रियल एस्टेट मध्यस्थताक क्षेत्र मे विशिष्ट प्रगति आनल जा सकैछ।

10. एकटा नव रियल एस्टेट ब्रोकरेज सॉफ्टवेयर मे संपत्ति मूल्यांकन सहित रियल एस्टेट मिलान पोर्टलक समेकन

आदर्श रूप सं, एतय वर्णित रियल एस्टेट मिलान पोर्टल, एकटा नव रियल एस्टेट ब्रोकरेज सॉफ्टवेयरक महत्वपूर्ण घटकक स्वरूप मे प्रारंभ होमक चाही/ वा प्रारंभ भ' सकैछ, जे आदर्शतः विश्वव्यापी उपयोग लेल होअय। एकर तात्पर्य जे, रियल एस्टेट ब्रोकर सभ या त' ई रियल एस्टेट मिलान पोर्टलक उपयोग अपन वर्तमान रियल एस्टेट ब्रोकरेज सॉफ्टवेयरक अतिरिक्त करि सकैत छथि, अथवा, आदर्श रूप सं, एहि रियल एस्टेट मिलान पोर्टल सहित एकटा नव रियल एस्टेट ब्रोकरेज सॉफ्टवेयरक उपयोग करैथ।

एहि कुशल आ नवाचारी रियल एस्टेट मिलान पोर्टल कें, एकर अपन रियल एस्टेट ब्रोकरेज सॉफ्टवेयर मे एकीकृत करबा सं एहि रियल एस्टेट ब्रोकरेज सॉफ्टवेयर लेल एकटा मूलभूत

अद्वितीय विक्रय विशिष्टताक सृजन होइत छै जे बाजार मे पैठ बनाबक लेल बेहद महत्वपूर्ण होयत।

चूंकि संपत्तिक मूल्यांकन अचल संपत्ति मध्यस्थता क्षेत्र लेल हमेशा एकटा महत्वपूर्ण आयाम बनल रहत, अतएव एकटा अचल संपत्ति मूल्यांकन औजार सेहो, एहि रियल एस्टेट ब्रोकरेज सॉफ्टवेयर मे अवश्यमेव समेकित करबाक चाही। एहि द्वारा तुलनात्मक परिकलनक माध्यम सं संपत्तिक मूल्यांकन द्वारा रियल एस्टेट ब्रोकर द्वारा प्रस्तुत/ दाखिल कैल संपत्ति सभक संदर्भित डेटा/ मानदंड संबद्ध लिंक सं प्राप्त कैल जा सकैछ। यदि आवश्यक हो, रियल एस्टेट ब्रोकर अपन क्षेत्रीय बाजार विशेषज्ञताक माध्यम सं एहि मे कोनो छूटल मानदंड कें वैकल्पिक रूप सं सम्मिलित क' सकैत छथि।

एहू सं बेसी, एहि रियल एस्टेट ब्रोकरेज सॉफ्टवेयर मे एहिपर उपलब्ध संपत्ति सभक दृश्यात्मक भ्रमण करबाक व्यवस्था सेहो उपलब्ध कराबक चाही। एकरा सामान्यतया सरलतापूर्वक

लागू कैल जा सकैछ, जेना, मोबाइल फोन/ अथवा टैबलेट लेल एकटा अतिरिक्त ऐप बनाक', जाहिमे एकटा दृश्यात्मक संपत्ति-भ्रमणक रिकार्डिंग एहि रियल एस्टेट ब्रोकरेज सॉफ्टवेयर मे व्यापक रूप सं स्वचालित समन्वित रहैत अछि।

यदि एहि कुशल व नवाचारी रियल एस्टेट मिलान पोर्टल कें एकटा नव रियल एस्टेट ब्रोकरेक सॉफ्टवेयर मे संपत्ति मूल्यांकन सहित एकीकृत क' देल जाए, तखन ई संभावित आमदनी मे और अधिक वृद्धि करबा मे सक्षम भ' जायत।

मैथियास फेडलर   कोर्शेनब्रोइक

                                        31 अक्टूबर 2016

मैथियास फेडलर

एरिका-वॉन- ब्रॉकदॉर्फ- स्ट्रीट. 19

41352 कोर्शेनब्रोइक

जर्मनी

www.matthiasfiedler.net

www.ingramcontent.com/pod-product-compliance
Lightning Source LLC
Chambersburg PA
CBHW071524210326
41597CB00018B/2888